Naturführer für Kinder

Naturführer für Kinder

# Vögel

## Jill Bailey / David Burnie

Dorling Kindersley

In der Reihe „Naturführer für Kinder" sind außerdem erschienen:
Bäume, Blumen, Insekten, Meeresküste, Muscheln, Schmetterlinge,
Steine und Mineralien, Sternenhimmel, Wetter

DORLING KINDERSLEY
London, New York, Melbourne, München und Delhi

Bibliografische Information Der Deutschen Bibliothek
Die Deutsche Bibliothek verzeichnet diese Publikation
in der Deutschen Nationalbibliografie;
detaillierte bibliografische Daten sind im Internet
über http://dnb.ddb.de abrufbar.

Titel der englischen Originalausgabe:
Eyewitness Explorers: Birds

© Dorling Kindersley Limited, London, 1992
Ein Unternehmen der Penguin-Gruppe

© der deutschsprachigen Ausgabe by
Dorling Kindersley Verlag GmbH, München, 2009
Alle deutschsprachigen Rechte vorbehalten

**Übersetzung** Eva Weyandt
**Fachliche Beratung** Dr. Andrea Massias

ISBN 978-3-8310-1403-3

Printed and bound in China by Leo Paper Products

Besuchen Sie uns im Internet
**www.dk.com**

#### Hinweis
Die Informationen und Ratschläge in diesem Buch sind von den Autoren und vom Verlag
sorgfältig erwogen und geprüft, dennoch kann eine Garantie nicht übernommen werden.
Eine Haftung der Autoren bzw. des Verlags und seiner Beauftragten für Personen-, Sach-
und Vermögensschäden ist ausgeschlossen.

# Inhalt

Vögel beobachten
8

Was ist ein Vogel?
10

Gefiederte Freunde
12

Auf in die Lüfte
14

Flugmuster
16

Schweben und Rückwärtsfliegen
18

Partnersuche
20

Eier und Schlüpfen
22

Die ersten Tage
24

Der erste Flug
26

Gute Eltern
28

Schalenförmige Nester
30

Seltsame Nester
32

Körperpflege
34

Ernährungsgewohnheiten
36

Fleisch fressende Vögel
38

Nachtjäger
40

Reviere der Vögel
42

Vogelzug
44

Seevögel
46

Küstenvögel
48

Vögel an Flüssen und Teichen
50

Waldvögel
52

Wüsten- und Steppenvögel
54

Tropische Vögel
56

Stadtvögel
58

Register
60

# Vögel beobachten

Du wirst sie nicht immer bemerken, doch es gibt sie überall: Vögel sind im Garten, an der Küste, in der Stadt. Wenn du dich näher mit Vögeln beschäftigst, wirst du bald entdecken, wie sie sich ernähren, wie sie fliegen, welche Melodien sie zwitschern und wie sich ihre Gesänge voneinander unterscheiden.

**Leise!**
Kein Vogel mag laute Geräusche. Sei also so leise wie möglich, wenn du Vögel beobachtest.

*Graue Kopfplatte*

*Braune Rückenfedern*

*Schwarzer Kehlfleck*

**Hausspatz**
Diesen „frechen" Vogel sieht man oft in Städten und Gärten. Du kannst ihn an seinem braunen Rücken, der grauen Kopfplatte und dem schwarzen Kehlfleck erkennen.

*Mit einem leichten Fernglas kannst du die Vögel am besten beobachten.*

**Die passende Kleidung**
Wenn du Vögel beobachten willst, musst du dunkle Farben tragen, damit du nicht zu sehr auffällst. Ziehe warme, wetterfeste Kleidung an, wenn es kalt oder nass wird.

*Dies ist ein männlicher Spatz. Die Weibchen sind fast ganz braun.*

# Wie man einen Vogel zeichnet

Du kannst dir einen Vogel, den du beobachtest, am besten merken, wenn du ihn zeichnest. Das ist leichter, als du denkst. Fange mit einfachen Formen an.

**1.** Zeichne zwei Kreise – einen für den Kopf und einen für den Körper. Lass einen Zwischenraum zwischen den Kreisen.

**2.** Füge den Hals, den Schnabel und die Beine hinzu.

**3.** Als nächstes malst du die Federn.

**1.** Zeichne einen Halbkreis als Körper für einen Wasservogel.

**1.** Auch wenn du einen fliegenden Vogel zeichnen willst, fange mit zwei Kreisen an.

**2.** Zeichne die ausgebreiteten Flügel, den Schwanz, den Hals und den Schnabel. Ist der Kopf vorgestreckt oder eingezogen?

**3.** Zeichne jetzt die Einzelheiten der Flügel.

*Mütze*

*Wetterfeste Jacke*

*Am besten benutzt du einen Spiralblock mit festem Rücken. Skizziere die Form des Vogels und halte fest, welche Farbe er hat und wie er fliegt.*

# Was ist ein Vogel?

Vögel gibt es in vielen verschiedenen Formen und Größen, aber da ist manches, was sie gemeinsam haben. Alle haben ein Gefieder, das sie warm hält, und zwei Flügel – wenn auch nicht alle Vögel fliegen können.

Ihre Beine und Füße sind mit kleinen Schuppen bedeckt und die meisten haben nur vier Zehen. Alle haben einen Schnabel und alle legen Eier.

*Der lange, spitze Schnabel eignet sich gut zur Futtersuche im Boden oder in den Pflanzen.*

*Vögel haben viele Federn.*

*Beine und Füße haben eine schuppige Haut.*

**Gefleckter Star**
Es gibt ungefähr 9000 Vogelarten und jede hat ihre besonderen Merkmale. Einen Star kannst du an seinen glänzenden schwarzen Federn erkennen, die einen purpurnen oder grünen Schimmer haben. Im Winter sind seine Federn hell gesprenkelt.

## Die Schnäbel der Vögel
Vögel haben keine Hände, sie picken ihr Futter mit dem Schnabel auf. Die Schnäbel haben die unterschiedlichsten Formen, je nachdem, welches Futter die Vögel brauchen.

*Habichte sind Fleischfresser. Sie haben starke, gebogene Schnäbel, um das Fleisch zu zerkleinern.*

*Viele Enten gründeln, das heißt, sie nehmen mit ihrem Schnabel Wasser auf und sieben das Futter aus.*

*Der Grünfink ist ein Körnerfresser. Er kann mit seinem kurzen, dicken Schnabel sogar sehr harte Samenkörner knacken.*

*Der hohle, leichte Schnabel besteht aus einem hornartigen Material. Er ist sehr kräftig und wird zum Fressen, zur Körperpflege und zum Nestbau verwendet.*

## Der älteste Vogel

Der älteste fossile Vogel, der „Archäopteryx" oder „Urvogel", lebte zur Zeit der Dinosaurier. Dieses Geschöpf hatte – wie alle heutigen Vögel – ein Gefieder, aber auch – wie die heutigen Reptilien – einen Kiefer mit winzigen Zähnen und krallenartige Fortsätze an seinen Flügeln.

*Der Star hat ein breites Brustbein, an dem die Flugmuskeln befestigt sind.*

## Unter seiner Haut

Das Skelett eines Stars. Auch in deinem Körper gibt es eine Menge Knochen. Doch die Knochen eines Vogels haben viele Hohlräume. Dadurch sind sie besonders leicht. Ein Vogel hat lange Beine. Was hier aussieht wie die Knie, sind in Wirklichkeit die Fußknöchel.

*Fußknöchel*

*Wenn ein Vogel auf einem Zweig sitzt, ist eine Zehe nach hinten gerichtet. So umklammert er den Zweig.*

## Die Füße

Die Vögel gebrauchen ihre Füße, um auf Zweigen zu sitzen, um auf dem Boden herumzulaufen oder um zu schwimmen. Manche schlagen ihre Beute mit den Füßen.

*Viele Vögel, die an Seen und Flüssen leben, haben Schwimmhäute zwischen den Zehen, um paddeln zu können.*

*Die Füße der Greifvögel haben lange Krallen, um das Opfer zu packen.*

# Gefiederte Freunde

Vögel sind die einzigen gefiederten Tiere. Ein Schwan kann mehr als 25000 Federn haben. Selbst ein kleiner Kolibri hat schon fast 1000. Die Federn halten die Vögel warm und trocken und ermöglichen ihnen das Fliegen. Sie wiegen kaum etwas, deshalb können die Vögel sich leicht in der Luft halten. Vogelfedern können wunderschön bunt sein und sind verschieden geformt.

*Die Alulafeder verhindert, dass der Vogel beim Fliegen absackt. Der Turmfalke kann wegen seiner sehr großen Alulafeder sehr langsam fliegen.*

*Deckfedern machen die Oberfläche glatt. Die Luft kann darüber hinwegströmen.*

*Die Schwungfedern erster Ordnung ermöglichen dem Vogel das Fliegen.*

*Die Schwungfedern zweiter Ordnung sind gerundet, damit die Luft unter die Flügel gelangen und den Vogel hochheben kann.*

**Der Flügel des Turmfalken**
Dies sind Federn vom Flügel eines Turmfalken. Rechts ist ein Turmfalke mit ausgebreiteten Flügeln abgebildet. Die Federn bestehen aus einem hohlen Schaft und der Fahne. Die Fahne wird von dünnen Federästen gebildet. Von diesen gehen nach beiden Seiten wieder dünne Äste aus, die von winzigen Widerhaken zusammengehalten werden

*Auch die Deckfedern sorgen für eine gerundete Flügelform.*

*Weiche Fransen an den Enden der Eulenfedern dämpfen das Geräusch des Flügelschlags. So kann eine Maus nicht hören, wenn sich eine Eule nähert.*

*Die Flaumfedern oder Daunen der Deckfedern eines Bussards halten ihn schön warm.*

### Federn suchen

Fang doch einfach mal an, die Federn zu sammeln, die du auf der Straße, am Strand oder im Wald findest. Befestige sie mit Klebeband auf einem Blatt Papier oder lege sie in eine durchsichtige Plastikhülle. Notiere dir, wo und wann du sie gefunden hast, und versuche herauszufinden, woher sie stammen.

### Zum Trocknen heraushängen

Ein Kormoran presst die Luft aus seinen Federn, damit er beim Fischfang besser tauchen und sich unter Wasser schneller bewegen kann. Danach hält er seine Flügel lange Zeit gespreizt, damit sie trocknen können.

*Wenn der Turmfalke mit den Flügeln schlägt, spreizt er seine Federn, um sie gegen die Luft zu drücken.*

### Federformen

Ein Turmfalke braucht seine langen Schwanz- und Flügelfedern zum Fliegen. Doch wie alle Vögel hat auch er Federn, die er nicht zum Fliegen braucht. Kleinere Federn bedecken den übrigen Körper und schützen ihn vor Wasser und Wind. Weiche Flaumfedern an der Unterseite halten den Vogel warm.

*Die Schwanzfedern dienen als Steuerruder. Abgesenkt und gespreizt können sie auch zum Bremsen benutzt werden.*

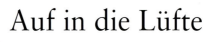

# Auf in die Lüfte

Ein Vogel hält sich durch seinen Flügelschlag in der Luft. Wenn er seine Flügel nach unten bewegt, drücken seine Federn gegen die Luft und bringen den Vogel vorwärts und aufwärts.

*Die Federn drehen sich, um die Luft durchzulassen.*

*Die Flügel dieser Taube sind so weit wie möglich aufgerichtet und die Federn sind gespreizt.*

## Fliegen wie ein Flugzeug

Einige Vögel können wie ein Segelflugzeug fliegen. Sie nutzen die Aufwinde, um sich in der Luft zu halten. Sie brauchen dann viel weniger Energie, weil sie kaum mit den Flügeln schlagen müssen. Weil die Luft über die gebogene Oberfläche eines Flügels schneller hinweggeht und darunter langsamer ist, wird eine Strömung erzeugt, die den Vogel nach oben bringt. Diese Kraft nennt man „Auftrieb".

*Wegen ihrer breiten Flügel kann die Eule langsam fliegen und sich doch in der Luft halten.*

*Mit wenigen Flügelschlägen schwebt sie in der Luft.*

*Die Eule stößt sich mit den Füßen ab.*

### Gleiten

Im Gegensatz zur Taube hat die Schleiereule breite Flügel und gleitet auf der Suche nach kleinen Tieren ruhig über Felder und Wiesen. Weil sie so leise ist, kann sie unbemerkt auf ihre Beute herabstoßen.

## Schnelle Flieger

Tauben sind starke und schnelle Flieger. Sie können schnell starten und dann viele Stunden ohne Unterbrechung in der Luft bleiben. Manche Tauben sind speziell für den Wettkampf trainiert. Man kann sie an einem Ring am Fuß erkennen. Er zeigt an, wo die Taube hingehört.

*Die Federn schnellen nach oben und sind für den nächsten Flügelschlag bereit.*

*Wenn der Flügel nach unten schlägt, glätten sich die Federn und eine ebene Oberfläche entsteht.*

*Die Federn spreizen sich, wenn der Flügel sich hebt.*

### Glückliche Landung

Zum Fliegen gehört die sichere Landung. Der Vogel muss zur richtigen Zeit abbremsen, damit er weich auf dem Boden aufsetzt. Junge Vögel müssen die Landung erst üben.

*Wenn die Eule eine Maus entdeckt, stürzt sie herunter und streckt ihre Beine vor.*

*Dicht über dem Boden benutzt sie ihre Flügel zum Bremsen.*

# Flugmuster

Wenn du einen Vogel fliegen siehst, dann halte in einer Skizze fest, wie er fliegt. Jeder Vogel hat eine bestimmte Art zu fliegen. Große, schwere Vögel, zum Beispiel Enten, schlagen ständig mit den Flügeln. Kleinere Vögel sparen Energie, indem sie zwischendurch gleiten. Andere bleiben auf der Suche nach Beute beinahe auf der Stelle in der Luft stehen.

### Flugmuster zeichnen

Eine schnelle Skizze, wie ein Vogel fliegt, kann dir helfen ihn zu bestimmen – auch wenn er weit entfernt ist. Mache eine Skizze von dem Bild, das der Vogel beim Fliegen abgibt, und zeige die Flugrichtung mit einem Pfeil an.

*Halte Ausschau nach Vögeln, die in der Nähe von Klippen gleiten.*

*Die langen, dichten Flügel helfen dem Sturmvogel beim Gleiten.*

### Das Gleiten

Der Sturmvogel steigt mithilfe von Luftströmen auf, die entstehen, wenn der Wind vom Meer auf die Klippen trifft. Danach gleitet der Sturmvogel, langsam an Höhe verlierend, über das Meer dahin. Er kann sich lange in der Luft halten, ohne ein einziges Mal mit den Flügeln zu schlagen.

## In der Luft stehen

Zum „Rütteln" schlägt der Turmfalke seine Flügel nach vorn und spreizt die Schwanzfedern. So kann er in der Luft fast stehen bleiben und auf dem Boden kleine Nagetiere erkennen. Halte bei Wiesen, die an eine Straße grenzen, Ausschau nach rüttelnden Turmfalken!

*Gespreizter Schwanz, um das Gleichgewicht zu halten*

*Die Stockente streckt beim Fliegen ihren Kopf vor.*

## Gerade Linie

Enten und Gänse fliegen oft in V-Formation oder in einer geraden Linie. Sie schlagen die ganze Zeit mit den Flügeln.

*Große Flügel und kräftige Flugmuskeln heben den schweren Körper.*

*Wenn du eine Stockente über offenes Land fliegen siehst, ist sie wahrscheinlich auf dem Weg zu einem Fluss oder einem See.*

*Die Turmfalken rütteln gerne über Straßen, wo sie am Straßenrand ihre Beute ausmachen.*

# Schweben und Rückwärtsfliegen

Fleisch fressende Vögel müssen oft lange suchen, bis sie eine Mahlzeit finden. Sie nutzen geschickt die Luftströme aus, um zu schweben. Kleinere Vögel müssen meist nicht so weit fliegen. Manche halten sich in Hecken und Bäumen auf, wo ihre Feinde sie nicht entdecken können.

**Sturzflug**
Der Wanderfalke stößt im Sturzflug auf kleinere Vögel herab. Du kannst ihn in der Nähe von Bergen und Klippen entdecken.

*Die Schwanzfedern sind gespeizt.*

**Das Schweben**
Adler lassen sich von warmen Luftströmen tragen. So müssen sie nicht so oft mit den Flügeln schlagen. Beim Schweben können sie den Boden nach Beute absuchen und sparen außerdem Energie.

**Wo schweben sie?**
Schwebende Vögel fliegen dort, wo es warme Luftströme gibt – über Bergen oder weiten offenen Ebenen.

*Schwebende Vögel haben lange, breite Flügel mit fingerähnlichen Spitzen.*

*Der Kampfadler schwebt hoch oben in den Lüften. Du musst ein Fernglas benutzen, um ihn zu entdecken!*

*Ein Kolibri ist ein winziger Vogel, so klein wie dein Finger. Sein schneller Flügelschlag verursacht ein surrendes Geräusch.*

### Rückwärts fliegen
Der Kolibri ist der einzige Vogel, der seitwärts, vorwärts und rückwärts fliegen kann. Er kann auch in der Luft „stehen bleiben" und dabei den Nektar aus Blüten herausholen.

*Kolibris bleiben vor Blumen in der Luft stehen, um den Nektar zu trinken.*

*Der Blütennektar ernährt den Kolibri.*

### Wellenförmiger Flug
Blaumeisen und andere kleine Vögel fliegen leicht wellenförmig. Sie machen kurze Flügelschläge und ruhen sich dann beim Gleiten aus. Das spart Kraft.

*Obwohl dieses Flugmuster etwas übertrieben dargestellt ist, sieht es tatsächlich oft so aus, als ob kleine Vögel am Ende eines Gummibands hoch- und runterhüpfen.*

*Blaumeisen legen ihre Flügel zwischen den Flügelschlägen an.*

# Partnersuche

Bevor der Vogel brüten kann, muss er einen Partner suchen. Er wirbt um einen Gefährten, der das richtige Alter hat und – ganz wichtig! – von derselben Art ist. In der Regel wirbt das Männchen um das Weibchen. Wenn das Weibchen sich von dem Werbungsverhalten oder den prächtigen Farben des Männchens beeindrucken lässt, paaren sie sich und das Weibchen legt Eier.

### Freund oder Feind?
Es sieht so aus, als würden sich diese Brandseeschwalben um einen Fisch streiten. Aber in Wirklichkeit werben sie umeinander. Das Männchen bietet seiner Partnerin einen Fisch als Geschenk an. Dann fliegen sie zusammen fort.

### Eine „Vogelhochzeit"
Wenn die Seeschwalben gelandet sind, muss das Weibchen den Fisch von dem Männchen annehmen. Damit zeigt sie ihre Bereitschaft zur Paarung. Es gibt viele Vogelmännchen, die ihrer Partnerin bei der Werbung Futter geben. Das festigt die Verbundenheit.

*Das Männchen hat einen Sack aus dehnbarer Haut vor seiner Kehle.*

### Der große Fregattvogel
Fregattvögel verbringen die meiste Zeit ihres Lebens damit, hoch über dem Meer zu fliegen. Sie bauen ihre Nester auf tropischen Inseln. Jedes Männchen sucht sich einen Platz für ein Nest und wirbt dann um eine Partnerin, indem es seinen Kehlsack aufbläst.

*Die Flügelspanne eines Fregattvogels ist breiter, als ein Mensch groß ist.*

## Kopfüber hängen

Das Männchen des blauen Paradiesvogels umwirbt das Weibchen, indem es die Flügel spreizt, sich mit seinen Füßen an einem Ast festklammert und sich kopfüber hängen lässt. Bei uns kannst du diesen Vogel im Freien nicht finden, aber vielleicht im Zoo.

*Wenn das Männchen kopfüber am Ast hängt, zeigen sich seine leuchtend blauen Federn wie ein Fächer.*

## Roter Ballon

Wenn der Fregattvogel ein Weibchen umwirbt, bläst er seinen Kehlsack wie einen Ballon auf. Wenn das Weibchen in die Nähe kommt, reibt er seinen Schnabel gegen den Kehlsack und schlägt mit den Flügeln.

*Ein Fregattvogel kann seinen Kehlsack eine ganze Weile aufgeblasen halten.*

# Eier und Schlüpfen

Der Eidotter und das Eiweiß eines frisch gelegten Vogeleis werden von einer harten Schale geschützt. Die Eltern halten das Ei warm, indem sie sich darauf setzen und es „ausbrüten". Der Eidotter ernährt den wachsenden Vogelembryo und nach ein paar Wochen kann das Küken ausschlüpfen.

**Bodennester**
Der Brachvogel nistet auf der Erde. Seine gesprenkelten Eier sind gut getarnt.

**Erbsengroße Eier**
In dem Nest eines Kolibris ist Platz für zwei erbsengroße Eier.

**Blaue Eier**
Die amerikanische Wanderdrossel legt vier blaue Eier.

*Adler legen zwei Eier. Ein Junges schlüpft ein paar Tage vor dem anderen.*

**Einzigartig**
Die Eier der Lumme haben Punkte oder Streifen. Die Eltern erkennen ihr Ei am einzigartigen, unverwechselbaren Muster.

**Dschungel-Riese**
Der Kasuar ist ein großer Vogel, der nicht fliegen kann. Das Weibchen legt bis zu sechs ungewöhnlich große Eier.

*Der Kuckuck legt seine Eier in die Nester anderer Vögel. Die Rotschwänzchen als Adoptiveltern können keinen Unterschied erkennen! Kannst du es?*

# Hinaus ins feindliche Leben

Wenn du mit einem Löffel gegen ein Ei klopfst, zerbricht seine Schale sehr schnell. Wie schwer muss es aber für ein Küken sein, die Schale von innen zu durchbrechen! Es hat einen besonderen Eizahn an der Spitze seines Schnabels, mit dem es die Schale durchstoßen kann. Hier siehst du, wie ein Entenjunges schlüpft.

### 1. Das Loch
Die kleine Ente pickt mit dem Schnabel gegen die Schale am stumpfen Ende des Eies, bis ein kleines Loch entsteht. Danach ruht sie sich erst einmal aus.

### 2. Immer weiter
Als nächstes hämmert das Entenjunge immer mehr gegen die Schale. Dabei dreht es sich ständig, so dass eine kreisförmige Öffnung entsteht.

### 3. Das Wegdrücken
Hat es das geschafft, versucht es seinen Hals mit einem Ruck vorzustrecken. Wenn sich die Öffnung vergrößert, streckt es zuerst einen Flügel heraus.

*Denke daran: Berühre niemals die Eier eines Vogels!*

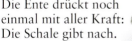

### 4. Weg mit der Schale
Die Ente drückt noch einmal mit aller Kraft: Die Schale gibt nach.

### 5. Das Durchbrechen
Das Entenjunge purzelt aus dem Ei heraus und landet auf dem Bauch. Seine nassen Federn kleben aneinander und es sieht ganz zerrupft aus.

### 6. Das Trocknen
Innerhalb von zwei oder drei Stunden trocknen die Federn der kleinen Ente und werden flauschig. Sie kann zwar noch nicht fliegen, aber sie kann laufen und ist bereit, erste Schwimmerfahrungen zu sammeln.

# Die ersten Tage

Eine Ente kann sich vom ersten Tag an selbst ernähren. Das können aber nicht alle kleinen Vögel. Viele sind blind und hilflos, wenn sie ausschlüpfen. Sie sind darauf angewiesen, dass ihre Eltern ihnen Futter bringen. Für Blaumeiseneltern bedeutet das harte Arbeit.

*Die Augen sind noch nicht vollständig ausgebildet.*

*Federn auf den Flügeln*

*Die Federn wachsen in einer Linie am Rücken entlang.*

### 2. Die Federn wachsen
Wenn die kleinen Vögel sechs Tage alt sind, fangen die Federn an zu wachsen.

### 1. Die neue Familie
Diese kleinen Blaumeisen sind gerade vier Tage alt. Sie sind blind und kahl und sehen kaum wie Vögel aus. Wenn ein Elternteil Futter bringt, sperren sie ihre Schnäbel weit auf und strecken sie ihm entgegen.

### Weit offen
Viele kleine Vögel haben bestimmte bunte Muster in ihren Schnäbeln. Diese Muster veranlassen die Eltern, das Futter dorthin zu stecken.

*Die Flügelfedern sind durch Wachsröhrchen geschützt.*

*Die Augen fangen an sich zu öffnen.*

*Die Spitzen der Flügelfedern kommen zum Vorschein.*

### 3. Schnelles Essen
Die kleinen Vögel sind nun neun Tage alt. Ihre Eltern bringen ihnen ungefähr einmal pro Minute Futter. So nehmen sie schnell zu.

### 4. Das Großwerden
Dreizehn Tage nach dem Ausschlüpfen kann man erkennen, dass die Kleinen ihren Eltern ähnlich werden. Innerhalb von einer Woche sind dann ihre Flügel- und Schwanzfedern voll entwickelt und die ersten Flugversuche können beginnen.

*Die Augen sind ganz offen.*

### Es wird eng
Wenn die kleinen Vögel anfangen zu fliegen, sind viele schwerer als ihre Eltern. Sie sind so groß, dass es im Nest eng wird.

# Der erste Flug

Kleine Vögel können von Natur aus fliegen. Doch sie müssen üben, sich in der Luft richtig zu bewegen und bei der Landung nicht auf den Schnabel zu fallen.

*Die Flugfedern des Vogels sind noch nicht voll ausgewachsen.*

*Ein kleiner Buchfink ist bei seinem ersten Flug nervös. Die Eltern ermutigen ihn.*

## Sie folgen dem Anführer

Zuerst bleiben die kleinen Buchfinken in den Zweigen in der Nähe des Nestes versteckt. Nach ein paar Tagen können sie ganz gut fliegen. Dann folgen die Kleinen ihren Eltern, wenn sie Futter suchen. Das spart den Eltern Zeit und Kraft, denn sie brauchen das Futter nicht mehr zum Nest zu bringen.

### Tapfere Kinder
Die Krabbentaucher sitzen in Nestern auf Klippen hoch über dem Meer. Dort können die meisten ihrer Feinde sie nicht erreichen. Bei ihrem ersten Flug müssen sie das Meer unterhalb des Nestes erreichen. Dort lernen sie, Fische zu fangen. Wenn sie das Meer nicht erreichen, schlagen sie auf den Felsen auf.

### Aufpassen da unten!
Die Brautente legt ihre Eier in ein Baumloch, das bis zu 15 Meter über dem Boden liegt. So können Füchse und andere Feinde die Eier nicht erreichen. Noch bevor die kleinen Enten einen Tag alt sind, müssen sie vom Baum herunterspringen. Ihre Mutter wartet unten und ruft nach ihnen. Wenn alle sicher gelandet sind, bringt sie die Jungen zum Wasser. Dort finden sie Futter.

*Vor der Landung senkt der kleine Buchfink seine Flügel und Schwanzfedern, um abzubremsen. Dann streckt er die Beine vor, um den harten Aufprall abzufangen.*

*Brautentenküken spreizen ihre winzigen Flügel und Füße weit ab, um den Fall zu verlangsamen. Erstaunlicherweise schaffen sie es meistens zu landen, ohne sich zu verletzen.*

# Gute Eltern

Wenn ein Baby ankommt, haben die frisch gebackenen Eltern viel zu tun. Das ist auch bei Vögeln so. Kleine Vögel sind in der Regel hilflos. Ihre Eltern müssen sie ernähren, sauber halten und vor anderen Tieren schützen. Die meisten Vogeleltern nehmen die Kleinen unter ihr Federkleid, um sie zu wärmen oder vor der heißen Sonne zu schützen.

### Pinguineltern
Pinguine kommen an Land, um ihre Kinder aufzuziehen. Aber sie müssen weit aufs Meer hinaus, wenn sie Fische fangen wollen. Die Eltern wechseln sich damit ab, auf die Kinder aufzupassen. Einer bleibt immer bei den Kleinen, während der andere Fische fängt.

### Kuckuckseier
Der Kuckuck legt seine Eier in fremde Nester und kümmert sich dann nicht mehr darum. Wenn der kleine Kuckuck ausschlüpft, stößt er die anderen Küken aus dem Nest. Dieses Kuckucksbaby ist zwar größer als seine Adoptiveltern, doch sie füttern es trotzdem weiter

*Der kleine Pinguin hat ein dickes, flauschiges Federkleid, doch er kriecht immer noch gerne bei seinen Eltern unter, um sich warm zu halten.*

*Pinguineltern sorgen für ihre Jungen, bis ihnen ein wasserabweisendes Federkleid gewachsen ist.*

## So leicht wie eine Feder

Schwäne legen ihre Eier in ein großes Nest am Flussufer. Die kleinen Schwäne können schon kurz nach dem Ausschlüpfen schwimmen und ihr Futter selbst suchen. Sie sind so leicht, dass sie auf dem Wasser treiben. Jeden Tag führen die Eltern sie zum Füttern an einen sicheren Ort. Schwäne können sehr böse werden, wenn sie Gefahr wittern. Sie greifen jeden an, der ihren Jungen zu nahe kommt, auch Menschen. Pass also auf, wenn du in ihrer Nähe bist.

*Die kleinen Schwäne sitzen gerne auf dem Rücken ihrer Mutter. Dort ist es sicher und warm. Vater Schwan droht mit gespreizten Flügeln.*

## Fisch aus dem Schnabel

Ein Pelikanjunges holt sich sein Futter tief aus dem Schnabel eines Elternteils. Der Pelikan fliegt weit aufs Meer hinaus und fängt viele Fische. Er verschluckt sie und würgt sie für seine Jungen wieder aus.

*Das Junge der Silbermöwe ist nicht so leuchtend gefärbt wie seine Eltern. So kann es sich besser vor Füchsen, größeren Möwen und anderen Feinden verstecken.*

## „Eltern-Picker"

Ein hungriges Silbermöwenjunges pickt auf den hellroten Fleck auf dem Schnabel seiner Eltern. Dies ist für sie das Signal, für ihr Junges Fisch auszuwürgen.

# Schalenförmige Nester

Das Nest eines Vogels ist sein Zuhause. Hier legt er seine Eier und zieht seine Jungen groß. Das Nest schützt die Eier und später die Jungen und hält sie warm. Viele Vögel bauen schalenförmige Nester hoch oben in den Bäumen.

### Harte Arbeit
Das Weibchen des Buchfinken muss viele hundert Male ausfliegen, um genügend Material für das Nest zu sammeln.

*Der Buchfink tarnt sein Nest mit Flechten. Dadurch ist es nicht so leicht zu entdecken.*

*Der Buchfink formt seine Nestmulde, indem er sich während des Baus dreht und mit seiner Brust stößt.*

### Das Nest des Buchfinken
Der Buchfink baut sein Nest in der Astgabel eines Busches oder Baumes. Es besteht aus Gras, Moos und Wurzeln und ist mit Federn und Haaren ausgepolstert, damit die Eier warm bleiben.

### Ein hartes Bett
Das Junge der Singdrossel muss auf getrocknetem Schlamm schlafen statt auf weichen Federn. Die Singdrosseln bauen ihr Nest aus Wurzeln, Haaren und Gras und befestigen es dann mit einer dünnen Schlammschicht.

*Sie verwenden dazu feuchten Schlamm. Wenn er trocknet, wird er hart und hält das Nest fest zusammen.*

### Schlammsucher
Das Weibchen der Singdrossel sammelt Gras, Wurzeln, trockene Blätter, Zweige und aus Pfützen Schlamm.

### Halte Ausschau nach Nestbauern
Wenn du einen Vogel siehst, der Gras oder Zweige in seinem Schnabel hält, dann baut er wahrscheinlich sein Nest. Diese Elster ist auf dem Weg zu ihrem Nest hoch oben in einem Baum.

*Schafwolle, die an einem Stacheldraht hängen geblieben ist, eignet sich gut als Nestpolster.*

*Baumrinde gibt dem Nest Halt.*

### Nestzutaten
Bindfäden, Schafwolle, Bänder, Menschenhaar und Spinnweben – das alles kann für ein Vogelnest verwendet werden.

*Schlamm wird aus Pfützen und von Flussufern zusammengetragen.*

*Bindfäden finden die Vögel im Garten- und Hausmüll.*

*Zweige und Blätter*

# Seltsame Nester

Nicht alle Vogelnester sind schalenförmig. Manche Vögel scharren einfach Löcher in den Boden. Andere benutzen seltsame Materialien: Die Salangane bauen ihre Nester aus ihrem eigenen Speichel, der beim Trocknen an der Höhlenwand hart wird. Das Thermometerhuhn baut einen großen Hügel und legt seine Eier mitten hinein.

*Die Jungen leben im runden Teil des Nestes.*

**Das Nest des Webervogels**
Die Webervögel bauen ihr Nest aus zusammengewebten Grashalmen. Ihre Nester sind sehr leicht und luftdurchlässig, aber trotzdem fest und regengeschützt. Der lange „Tunnel" hindert Schlangen und andere Feinde daran, in das Nest einzudringen, die Eier zu fressen oder die Jungen zu töten.

Nesteingang

**Ein Zuhause weben**
Das Webervogelmännchen beginnt mit einem verknoteten Ring, der von einem Baum herunterhängt. Dann flicht es frisches Gras hinein, bis das Nest fertig ist.

## Das Nest der Beutelmeisen

Dieses hängende Nest wurde von einer Beutelmeise gebaut. Sie verwendet für den Nestbau Spinnweben, Moos und Gras. Das Nest hat einen falschen Eingang, um Räuber zu täuschen. Der wirkliche Eingang ist ein enger Schlitz, der genau über dem falschen Eingang liegt. Wenn der Vogel herein- oder herausgeschlüpft ist, schließt er sich sofort wieder.

*Das sieht aus wie der Eingang, führt aber tatsächlich nur in eine kleine, leere Kammer.*

*Der Teichrohrsänger muss ein Akrobat sein, um sein Nest zu bauen.*

*Die Beutelmeise verharrt vor ihrem Nest.*

*Die Nestkammer ist unten.*

## Das Nest des Teichrohrsängers

Der Teichrohrsänger baut sein Nest aus frischen Gräsern, Schilfblüten und Federn im Schilf. Die Sonne trocknet das Schilf aus. Dadurch wird es braun, genau wie die Gräser des Nestes.

*Das Nest ist im Schilf gut versteckt.*

## Schmutzige Arbeit

Klippenschwalben bauen ihre Nester aus Lehm und Schlamm. Dabei können sie sich leicht schmutzig machen, aber sie achten darauf, dass Schwanz und Flügel sauber bleiben.

*Schilf schwankt oft im Wind.*

# Körperpflege

Vögel müssen ihr Federkleid gut pflegen. Wenn es schmutzig oder zerrupft ist, fällt es ihnen schwerer, zu fliegen und sich warm zu halten. Beobachte einmal Vögel bei der Körperpflege, zum Beispiel bei einem Bad in einer Pfütze im Park. Danach „kämmen" sie ihre Federn mit dem Schnabel. Man sagt: Sie putzen ihr Gefieder.

### Gefiederpflege
Der Star lässt jede einzelne Feder durch seinen Schnabel gleiten, um sie zu glätten. Dann holt er mit seinem Schnabel eine ölige Flüssigkeit aus einer Drüse am Schwanz und streicht sie über seine Federn, um sie Wasser abweisend zu machen.

*Der Star benutzt seinen Schnabel, um die Äste und Widerhaken seiner Federn in Ordnung zu bringen.*

*Eingehakte Federn*

*Nicht eingehakte, zerrupfte Federn*

### Widerhaken
Die Äste der Federn haben winzige Widerhaken, die eingehakt werden. So entsteht die glatte Oberfläche, die zum Fliegen notwendig ist.

## Plitsch-Platsch
Die Körperpflege eines Vogels beginnt mit einem Bad. Vögel, die ein Bad nehmen wollen, plustern ihre Federn auf, tauchen unter und verteilen dann mit ihren Flügeln das Wasser über ihren ganzen Körper.

### Baue einen Badeplatz für Vögel
Mit einem Stück Plastikfolie und ein paar Steinen kannst du einen Badeplatz für Vögel bauen. Das Becken muss am Rand sanft abfallen, damit die Vögel rein- und raushüpfen können. Die Oberfläche muß rau sein, damit sie nicht ausrutschen.

*Ein badender Star taucht seinen Schnabel schnell von jeder Seite ins Wasser.*

**1.** Grabe ein etwa 15 Zentimeter tiefes Loch, das einen Durchmesser von einem Meter hat. Es sollte am Rand leicht abgeschrägt sein.

**2.** Lege das Loch mit einer festen Plastikfolie aus. Befestige sie mit Steinen und verteile Kies oder Sand auf der Folie.

**3.** Lege einige Steine in die Mitte und stecke einen Zweig als Sitzplatz hinein

**4.** Fülle den Badeplatz mit Wasser. Achte darauf, dass immer genügend Wasser darin ist und dass es im Winter nicht zufriert.

# Ernährungsgewohnheiten

Vögel ernähren sich auf ganz unterschiedliche Weise. Mauersegler fangen Insekten im Flug. Stare suchen in der Erde nach Larven. Reiher spießen mit ihren Schnäbeln Fische auf und Buchfinken knacken damit Samenkörner.

*Die Meisen hängen gewöhnlich kopfüber an einer Futterglocke.*

### Akrobatische Vögel
Die Kohlmeise und andere Meisenarten sind die Akrobaten der Vogelwelt. Sie hängen auf der Suche nach Insekten kopfüber an den Zweigen.

*Die Meisen halten mit ihren Schwanzfedern das Gleichgewicht.*

### „Schnecken-Zerschmetterer"
Wenn du im Garten einen Haufen kaputter Schneckenhäuser findest, dann hast du den Amboss einer Singdrossel entdeckt. Die Drossel hat einen Lieblingsstein, auf dem sie Schneckenhäuser zerschmettert, um an die Schnecken heranzukommen.

### Schwimmender Regenschirm
Wenn der Glockenreiher Fische jagt, senkt er Kopf und Hals und spreizt die Flügel so, dass sie vorne zusammentreffen. Er sieht dann aus wie ein Regenschirm, der auf dem Wasser treibt. Dadurch schirmt er die Sonne ab und kann die Fische besser entdecken.

## Füttere die Vögel

Eine Futterglocke an einem Seil zieht Meisen und Kleiber an. Außerdem ist sie ein sicherer Futterort, weil Katzen sie nicht erreichen können. Um eine Futterglocke herzustellen, brauchst du einen Jogurtbecher, ein Stück Seil, Vogelfutter (Samen, Nüsse, Rosinen, Brotkrumen), geschmolzenes Fett (Schmalz, Talg oder Bratenfett) und eine Schüssel zum Mischen.

1. Mache ein kleines Loch in den Boden des Bechers. Stecke das Seil hindurch und sichere es durch einen dicken Knoten oder ein festgebundenes Ästchen.

2. Bitte einen Erwachsenen, das Fett heiß zu machen. Mische dann das Vogelfutter darunter.

3. Fülle die Mischung in den Becher und lasse sie an einem kühlen Ort hart werden.

4. Hänge die Glocke an einen Baum im Garten oder an ein Vogelhaus. Beobachte die Meisen, wenn sie fressen.

## Mahlzeit in der Nussschale

Der Kleiber klemmt eine Eichel oder Haselnuss in einen Spalt der Baumrinde und klopft die Schale auf, um den Samen zu bekommen.

*Vögel spalten die Nussschalen oder hinterlassen ausgekerbte Löcher. Mäuse hinterlassen runde Löcher und Nagespuren.*

*Von Kreuzschnäbeln zerrupfte Zapfen*

## Gekreuzte Schnäbel

Der Fichtenkreuzschnabel hat einen einzigartigen, an den Enden gekreuzten Schnabel. Mit ihm kann er besonders gut den Samen aus Zapfen holen, aber auch Baumrinde aufhacken, um die Insekten aufzustöbern.

# Fleisch fressende Vögel

In der Vogelwelt gibt es viele Fleischfresser. Greifvögel stürzen sich im Flug auf ihre Beute und packen sie mit ihren Klauen. Die meisten Greifvögel halten aus der Luft Ausschau nach Beute. Von dort können sie sie am besten erspähen.

*Die Würger fangen mit ihren Schnäbeln kleine Tiere. Sie spießen ihre Vorräte auf Dornen auf.*

*Der Weißkopfseeadler zerreißt mit seinem gebogenen Schnabel den Körper von Fischen und anderen Tieren.*

### Gefiederte Jäger
Greifvögel sind nicht die einzigen jagenden Vögel. Viele andere, zum Beispiel die Würger, ernähren sich vom Fang kleiner Tiere und Insekten. Doch sie fangen sie mit ihren Schnäbeln, nicht mit ihren Krallen.

### Fischen aus der Luft
Der majestätische Weißkopfseeadler fliegt dicht über das Wasser, schnappt sich mit den Klauen einen Fisch und fliegt mit seiner Beute auf einen Ast. Weißkopfseeadler leben in der Nähe von Seen oder Flüssen oder an der Küste.

## Augen am Himmel

Der Turmfalke ist einer der wenigen Greifvögel, die in der Luft beinahe stehen bleiben können. Er schlägt dann ganz schnell mit seinen Flügeln. Während er in der Luft verharrt, kann er seine Beute ausmachen. Sein Lieblingsjagdrevier sind mit Gras bewachsene Straßenränder. Dort kann man ihn am ehesten entdecken.

*Von hoch oben in der Luft kann der Turmfalke nach kleinen Tieren auf der Erde Ausschau halten.*

## Umweltpolizei

Geier sind keine besonders beliebten Vögel, doch sie sind sehr nützlich, weil sie Aas (tote Tiere) fressen. Sie picken Löcher in die Kadaver, stecken ihre Hälse hinein und höhlen die Tiere aus. Eine Geierart trägt Knochen hoch in die Luft und lässt sie dann auf Felsen fallen, damit sie zerbrechen. Dann fressen die Geier das weiche Knochenmark.

*Auf der Suche nach Beute schweben Geier hoch in der Luft. Sie beobachten sich während des Fluges auch gegenseitig. Wenn einer von ihnen Beute erspäht, folgen ihm schnell die anderen.*

*Die meisten Geier haben kahle Köpfe, weil das Blut ihrer Beute die Federn verschmutzen würde. Eine Ausnahme ist der Königsgeier – sein Kopf ist prächtig bunt gefiedert.*

# Nachtjäger

Wenn die Sonne untergeht, lassen sich die meisten Vögel zum Schlafen nieder. Nicht so die Eulen. Sie schlafen tagsüber und wachen abends auf. Weil sie sehr gute Augen und Ohren haben, sind sie in der Lage, in der Nacht kleine Tiere zu jagen.

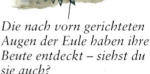

*Die nach vorn gerichteten Augen der Eule haben ihre Beute entdeckt – siehst du sie auch?*

*Diese Federbüsche sehen aus wie Ohren. Aber die Ohren der Eule liegen tiefer, an den Seiten ihres „Gesichtes".*

### Beute entdecken
Eulen können räumlich sehen. Beide Augen blicken in dieselbe Richtung, wie bei uns Menschen. Dadurch kann die Eule genau einschätzen, wie weit ihre Beute entfernt ist.

### Ruhiges Leben
Die Waldohreule sitzt den ganzen Tag bewegungslos auf einem Ast. Sie ist sehr schwer auszumachen, weil ihr Gefieder wie Holz aussieht. Diese Eule hat lange „Ohrbüschel", die sie aufstellen oder anlegen kann. An den „Ohrbüscheln" kann sie andere Eulen derselben Art erkennen.

## Sehen und hören
Eulen können ihre Beute auch bei Mondschein und sogar bei Sternenlicht sehen. Sie können auch jagen, wenn es vollkommen dunkel ist. Das ist möglich, weil sie ein empfindliches Gehör haben.

## Die Schleiereule
Die Schleiereule gibt es in der ganzen Welt, von Amerika bis nach Australien. Wie andere Eulen hat sie ein flaches „Gesicht". Es leitet die Geräusche in ihre Ohren, die unter den Federn versteckt liegen.

*Die Schleiereule fängt kleine Tiere mit ihren Krallen und trägt sie dann in ihrem Schnabel davon. Sie schluckt sie ganz hinunter.*

*Diese langen Knochen sind die Beine einer Wühlmaus.*

*Jeder Hüftknochen hat einen winzigen Hohlraum, in den der Beinknochen hineinpasst.*

*Zwei Kieferknochen, die zusammenpassen*

## Was steht auf der Speisekarte?
Wenn eine Eule gefressen hat, würgt sie die Knochen und das Fell ihres Opfers wieder aus. Man kann dieses so genannte „Gewölle" später mit einer Pinzette untersuchen, um zu sehen, was die Eule gefressen hat.

## Gewölle suchen
Gewölle findet man am ehesten in alten Scheunen oder unter Bäumen. Alte Streichholzschachteln eignen sich gut zum Aufbewahren der Knochen.

*An den Schädeln in einem Gewölle kann man feststellen, wie viele Tiere die Eule gefressen hat.*

# Reviere der Vögel

„Privateigentum" finden wir auch in der Vogelwelt. Für manche Vögel ist es wichtig, dass ein kleines Stückchen Land ihr eigener, privater Bereich ist. In diesem Revier können sie ein Weibchen suchen, ein Nest bauen und Kinder großziehen.

**Schauplatz Dschungel**
Das Männchen des Felsenhahns hat ein kleines Revier auf dem Waldboden, wo es dem Weibchen sein Gefieder zeigt.

*Ein Weibchen, das hinzugekommen ist, beobachtet, wie die Männchen auf der Erde einherstolzieren.*

**Hervorragender Darsteller**
Die Männchen entfalten ihre Federn und zeigen ihre Brust. Das Weibchen sucht sich denjenigen aus, der die beste Vorstellung gibt.

*Jedes Männchen gibt seine Vorstellung in seinem eigenen Revier.*

Kamm

## Vogelgesang

Für uns ist der Vogelgesang nur etwas, das sich schön anhört. Doch die Vögel senden auf diese Weise Botschaften über ihr Revier aus.

*Rotkehlchen singen oft von hohen Ästen; so können sie weithin gehört werden.*

## Das ist mein Garten!

Die männlichen Rotkehlchen stecken ihre Reviere oft in Hausgärten ab. Der „Eigentümer" singt aus voller Kehle, damit die anderen wissen, wo sein Revier liegt.

## Kämpfende Rotkehlchen

Wenn ein männliches Rotkehlchen in das Revier eines anderen eindringt, kommt es zum Kampf.

## Halte Abstand

Tölpel sind große Seevögel, die auf Klippen und felsigen Inseln nisten. Ihr Revier reicht gerade so weit um das Nest herum, wie der Vogel sich herausstrecken kann.

*Die nistenden Tölpel müssen außer „Hackweite" ihrer Nachbarn bleiben.*

*Die männlichen Tölpel stoßen laute Rufe aus und geben besondere Vorwarnungen ab, um ihre Nester zu verteidigen.*

# Vogelzug

Ist dir schon einmal aufgefallen, dass einige Vögel im Winter verschwinden? Hast du dich jemals gefragt, wohin sie fliegen? Viele Vögel verbringen den Winter in wärmeren Ländern.

*Wildgänse fliegen in V-Formation. So ist das Fliegen nicht so anstrengend. Jeder Vogel fliegt im Auftrieb des vor ihm fliegenden.*

Im Frühling fliegen sie dorthin zurück, wo es genügend Nahrung gibt, um ihre Familie aufzuziehen. Diese Reisen nennt man Vogelzug.

**Der Flug der Schneegänse**
Schneegänse brüten in der arktischen Tundra und ziehen nach Süden an den Golf von Mexiko. Ihre Reiseroute beträgt 3200 Kilometer. Die Küstenseeschwalbe fliegt von allen Vögeln am weitesten: Sie macht eine Hin- und Rückreise von ungefähr 40 000 Kilometern.

*Die kürzeren Tage des Spätsommers sagen den Schneegänsen, dass sie nach Süden ziehen müssen.*

*Arktische Tundra*

Arktis
Nordamerika
Golf von Mexiko
Südamerika

## Vögel zählen

Ein guter Tipp, wie man ziehende Vögel zählen kann: Schließe deinen Daumen und Zeigefinger zu einem Kreis. Strecke deinen Arm aus und zähle die Vögel in dem Kreis. Überschlage grob, wie viele Kreise du für den gesamten Trupp brauchst. Multipliziere die erste Zahl mit der zweiten, und du hast die Antwort.

*Schneegänse orientieren sich an der Sonne und den Sternen.*

## Reisende Gänse

Schneegänse ziehen in einem Verband, der mehrere zehntausend Vögel umfassen kann. Auf ihrer langen Reise machen sie an ihren Lieblingsseen Rast, um sich auszuruhen und zu fressen. Wenn man in den Ländern wohnt, über die die Schneegänse hinwegziehen, kann man nachts ihre Rufe hören.

*In Mexiko fressen die Schneegänse viele Pflanzen, um Kräfte für die Rückreise zu sammeln.*

Mexiko

## Botschafter des Frühlings

Ein altes Sprichwort lautet: „Eine Schwalbe macht noch keinen Sommer". Doch wenn die Schwalben wiederkommen, kann man sicher sein, dass auch der Sommer nicht mehr weit ist. Im Herbst ziehen die jungen Schwalben mit ihren Eltern fort. Im folgenden Frühling finden viele der jungen Vögel durch ihren Instinkt den Weg vom südlichen Afrika nach Europa.

*Einige Schneegänse sind blaugrau statt weiß. Man nennt sie blaue Schneegänse.*

*Ein nummerierter Aluminiumring hilft, Flugroute und Lebensdauer des Vogels herauszufinden.*

# Seevögel

Viele Seevögel nisten an felsigen Klippen, wo sie vor ihren Feinden besser geschützt sind. Jeder Vogel hat einen Lieblingsplatz zum Nisten. Der Papageitaucher zum Beispiel liebt die grasbewachsenen Hänge oben auf den Klippen, während der Tölpel mit dem blanken Felsen zufrieden ist. Die Seevögel verbringen die Wintermonate meist weit draußen auf dem Meer und kommen zum Brüten an Land.

*Die Tölpel tauchen im Sturzflug ins Meer, um Fische zu fangen. Bevor sie ins Wasser eintauchen, legen sie ihre Flügel an.*

**Tauchende Tölpel**
Tölpel ernähren sich von Fischen wie Makrelen und Heringen. Ein Tölpel hat ein Luftkissen unter der Haut – das mildert den Aufprall auf dem Wasser.

**Tölpelkolonien**
Tölpel brüten immer zusammen, in Gruppen von bis zu 50 000 Nestern.

*Das Tölpelweibchen legt nur ein Ei in das Nest aus Seetang.*

*Langer, am Ende gebogener Schnabel*

## Pirat ahoi!
Der Fregattvogel kann selbst Fische fangen, doch er stiehlt sie lieber anderen Vögeln. Fregattvögel fliegen weit aufs Meer hinaus, doch nur selten landen sie auf dem Wasser. Wenn sie es aber tun, kommen sie nur schwer wieder weg.

*Der Fregattvogel jagt andere Vögel in der Luft und zwingt sie, ihre Beute fallen zu lassen.*

*Er steuert mit dem gabelförmigen Schwanz, wenn er Jagd auf andere Vögel macht.*

*Kurze Flügel*

*Pagageitaucher können viele Fische auf einmal im Schnabel halten.*

## Klippenclowns
Die Papageitaucher sind an ihren gestreiften Schnäbeln und orangefarbenen Füßen leicht zu erkennen. Sie bauen Tunnel in den weichen Boden an Grashängen und auf Inseln und fangen Fische aus dem Meer.

*Füße mit Schwimmhäuten zur Landung gespreizt*

*Langer, spitzer Flügel*

*Papageitaucher bewohnen gerne alte Kaninchenbaue oder graben sich mit ihrem Schnabel selbst eine Höhle.*

*Das Ei der Lumme läuft ziemlich spitz zu. Deshalb rollt es im Kreis, statt von den Klippen zu fallen.*

## Auf die Kante gelegt
Die Lumme baut sich kein Nest, sondern legt ein einziges Ei auf einen Felsvorsprung. Die Vogeleltern halten das Ei in ihren Füßen. Lummen nisten in großen, lärmenden Kolonien.

# Küstenvögel

An Sandstränden kann man gut schwimmen und sonnenbaden. Wenn du aber Küstenvögel beobachten willst, musst du dorthin gehen, wo es klebrigen Schlick gibt. An Schlickküsten findest du eine verborgene Welt kleiner Tiere, von Würmern bis zu winzigen Schnecken, und viele Vogelarten ernähren sich davon. Die meisten dieser Vögel sind Watvögel – Vögel mit langen Beinen und Schnäbeln zum Stochern.

**Gebogener Schnabel**
Ein Säbelschnäbler ist leicht zu erkennen. Er ist einer der wenigen Vögel, deren Schnäbel nach oben gebogen sind.

*Obwohl er schwimmen kann, stelzt der Säbelschnäbler gewöhnlich durch das Wasser. Seine Beine sind so lang, dass sie beim Fliegen hinter seinem Körper herausschauen.*

*Der Säbelschnäbler bewegt seinen Schnabel im Wasser von einer Seite zur anderen und schnappt zu, wenn er damit auf Nahrung stößt.*

**Ein Schlammfest**
Die Pfuhlschnepfe steckt ihren langen Schnabel tief in den Schlamm. Er schnappt auf und zu wie eine Pinzette.

*Kräftiger orange- roter Schnabel*

## Der Steinwälzer
An den Küsten kann man beobachten, wie ganze Scharen von Steinwälzern nach Nahrung suchen. Diese kleinen Vögel drehen mit ihren Schnäbeln die Steine um, weil darunter Krabben und andere kleine Tiere sein können.

### „Muschelzerschmetterer"
Wenn du jemals Muscheln gesammelt hast, dann weißt du, wie hart ihre Schalen sind. Doch kleine Muscheln sind für den Austernfischer kein Problem. Mit wenigen Schlägen seines kräftigen, gertenförmigen Schnabels bricht er sie auf und frisst die weichen Tiere heraus.

*Die Silbermöwe zerreißt ihr Futter mit ihrem kräftigen Schnabel. Beim Kampf um das Futter pickt sie sich mit ihrem Schnabel den Weg frei.*

### Allesfresser
Manche Vögel sind sehr wählerisch, wenn es um ihr Futter geht, doch die Silbermöwe frisst fast alles. Auf ihrer Speisekarte stehen tote Fische, Jungvögel, Würmer und sogar Abfall.

# Vögel an Flüssen und Teichen

Teiche, Flüsse und Seen wimmeln oft von Pflanzen und vielen kleinen Tieren. Diese Lebewesen – Fische, kleine Insekten, Garnelen – und auch die Wasserpflanzen dienen vielen Vögeln als Nahrung. Die meisten dieser Vögel schwimmen bei ihrer Nahrungssuche auf dem Wasser oder tauchen nach Futter, andere waten durchs seichte Wasser. Der Eisvogel taucht von einem Zweig aus nach kleinen Fischen.

*Erpel*

*Ente*

**Stockenten**
Die Stockenten leben auf Teichen, Seen und Flüssen. Das Männchen, Erpel genannt, hat einen glänzenden, grünen Kopf. Das Weibchen, die Ente, ist unscheinbar braun.

**Schwänzchen in die Höh'**
Die Stockenten „gründeln" entweder kopfunter nach Futter, oder sie sieben das Genießbare aus der Oberfläche des Wassers.

*Der Eisvogel schlägt seine Beute gegen einen Ast, um sie zu betäuben. Dann schluckt er sie herunter, mit dem Kopf zuerst.*

*Du kannst einen Eisvogel an seinen leuchtend türkisfarbenen Federn erkennen.*

### Angriff aus der Luft

Von einer Brücke aus kann man den Eisvogel, der es besonders auf kleine Fische abgesehen hat, am besten beobachten. Im Sturzflug schießt er nach unten und taucht mit dem Kopf zuerst ins Wasser ein. Mit dem Schnabel fängt er einen Fisch und fliegt dann zu einem Ast, um ihn dort zu verspeisen.

*Der Eisvogel gräbt sich Nisthöhlen an Flussufern. Er pickt mit seinem Schnabel die Erde locker und scharrt dann eine Höhle aus.*

*Die besondere Algenkost mancher Löffler macht ihre Federn rosa.*

*Der Löffler taucht seinen Schnabel ins Wasser und bewegt ihn hin und her.*

### Ein Schnabel mit zwei Löffeln

Man kann leicht erkennen, woher der Löffler seinen Namen hat. Die Enden des Schnabels sind breit und rund, genau wie zwei Löffel. Der Löffler watet mit halboffenem Schnabel langsam durch das Wasser. Wenn er auf Futter trifft, schnappen die „Löffel" zu.

*Mit seinen langen Beinen kann der Löffler auch im tiefen Wasser waten.*

# Waldvögel

Der Wald ist die Heimat von vielen hundert Vogelarten. Die Bäume bieten den Vögeln ein sicheres Zuhause. Sie bauen ihre Nester hoch oben zwischen den Blättern oder versteckt in hohlen Baumstämmen. Sehr gut kann man Waldvögel auf einer Lichtung beobachten, wo sie Insekten fangen und Samen suchen.

*Der Baumläufer hat einen gebogenen Schnabel, um Insekten aus der Baumrinde zu picken.*

## Baumkletterer

Der Baumläufer sucht sein Futter an Baumstämmen. Gewöhnlich klettert er von unten nach oben. Wenn er oben angekommen ist, fliegt er zum nächsten Baum und fängt dort wieder von unten an.

*Der Baumläufer benutzt seinen steifen Schwanz als Stütze, wenn er die Baumstämme hochhüpft.*

## Vergessene Bäume

Halte im Herbst Ausschau nach Eichelhähern. Sie graben Eicheln in die Erde ein, um sie später zu fressen. Doch die Vögel vergessen viele Verstecke und im Frühling schlagen diese Eicheln aus und werden kleine Eichen.

### Eicheln verstecken

Der Buntspecht klemmt Eicheln fest in die Rinde seines Lieblingsbaumes, um sich einen Wintervorrat anzulegen.

### Spechtwarnung

Diesen Specht kannst du hören, bevor du ihn siehst! Mit seinem kräftigen Schnabel klopft er laut auf totes Holz, um zu zeigen, wo sein Revier liegt. Spechte klopfen auch Nistlöcher in die Bäume und suchen mit ihren Schnäbeln in der Rinde nach Insektenlarven.

*Der Haarspecht stützt sich beim Füttern der Jungen mit seinem Schwanz ab.*

### In den Blättern verborgen

Der Ziegenmelker kommt in der Nacht heraus, um Motten und Nachtfalter zu fangen. Tagsüber sitzt er vollkommen still auf der Erde. Seine Farbe ist den trockenen Blättern angepasst. Deshalb ist es fast unmöglich, diesen Vogel zu entdecken!

# Wüsten- und Steppenvögel

Wenn man mittags durch die Steppe oder die heiße, trockene Wüste wandert, wird man nicht viele Vögel finden. Zu dieser Zeit des Tages suchen die meisten Schutz vor der Sonne. Einige gehen nachts auf Futtersuche. Tagsüber kannst du am Himmel nach großen Vögeln Ausschau halten oder kleine Vögel auf der Suche nach Insekten oder Samen beobachten. Bei Sonnenaufgang und Sonnenuntergang sind die Wüstenvögel an den Wasserlöchern zu finden.

**Volle Kraft voraus**
Der Erdkuckuck läuft in der Wüste hinter Schlangen und Eidechsen her, um sie zu fangen. Er kann eine Geschwindigkeit von bis zu 20 km/h erreichen. Wenn er in Gefahr ist, fliegt er nicht weg, sondern läuft davon.

*Das Flughuhn ist gut getarnt – sein geflecktes sandfarbenes Gefieder ist dem Wüstenboden angepasst.*

**Durstige Jungen**
Flughühner fliegen auf der Suche nach Wasser oft mehr als 30 Kilometer durch die Wüste. Sie haben besondere Brustfedern, die große Mengen Wasser aufsaugen. Das Flughuhnmännchen versorgt sich an einem Wasserloch oder einer Pfütze mit Wasser und fliegt dann nach Hause. Die durstigen Jungen saugen das Wasser aus seinen Federn.

## Schlangenjäger
Der Sekretär baut sein Nest aus dürren Zweigen oben auf einem dornigen Baum. Dieser langbeinige Greifvogel pirscht auf der Suche nach Schlangen durch die Steppe. Bevor er sie zu seinem Nest bringt, um seine Jungen damit zu füttern, beißt er ihnen den Kopf ab.

*Der Strauß ist der schnellste zweibeinige Läufer der Welt. Er kann eine Geschwindigkeit von bis zu 70 km/h erreichen.*

## Großer Vogel
Strauße durchwandern die dürren Steppen auf der Suche nach Futter und Wasser. Sie sind die größten Vögel der Welt. Manche sind über zweieinhalb Meter groß – größer als ein Mensch!

*Strauße sind zu groß zum Fliegen. Wenn Gefahr droht, laufen sie weg.*

# Tropische Vögel

In den tropischen Wäldern gibt es die außergewöhnlichsten und farbenprächtigsten Vögel der Welt. Papageien und Tukane leben in den Baumkronen, und auf manchen Bäumen entfalten die Männchen der Paradiesvögel ihre herrlichen Federn, um die Weibchen anzulocken. Bankivahühner und Fasane bevölkern den Waldboden, während am Himmel Adler schweben. Kolibris suchen nach Nektar und die Singvögel lassen in ihren Revieren ihren Gesang ertönen.

*Mit dem Schnabel pflückt der Tukan herunterhängende Früchte von Zweigen.*

### Was die Tukane tun
Die Tukane leben in den Gebieten der Tropen, die nicht so dicht bewachsen sind. Sie rufen sich gegenseitig mit lautem, froschähnlichem Krächzen. Sie nisten in kleinen Baumlöchern, die sie oft auch im folgenden Jahr wieder bewohnen.

### Auf der Hut
Diese Gelbhaubenkakadus haben gerade Aufpasserdienst. Sie halten in den Bäumen Wache, während die anderen Vögel der Gruppe Samen vom Boden aufpicken. Bei den ersten Anzeichen von Gefahr stoßen die „Wächter" einen Warnruf aus.

*Papageien haben wenig Feinde. Daher brauchen sie ihre leuchtenden Farben nicht zu verstecken.*

*Der lange Schwanz hilft dem Papagei, das Gleichgewicht zu halten, wenn er zwischen den Bäumen hindurchfliegt.*

## Brillante Farben

In den tropischen Wäldern gibt es viele Papageien. Mit ihren kräftigen, gebogenen Schnäbeln knacken sie Samenkörner auf. Der Schnabel ist auch sehr nützlich, wenn sie in den Bäumen klettern. Papageien schließen sich gewöhnlich zu kleinen Gruppen zusammen. Achte auf ihre prächtigen Farben und ihre krächzenden Schreie!

*Man erkennt das Männchen der Bankivahühner an seinem großen roten „Kamm" auf dem Kopf.*

## Tropische Hühner

Das rote Bankivahuhn ist der wilde Vorfahr unseres Haushuhns. Wie dieses lebt auch das Bankivahuhn auf der Erde, wo es nach Samenkörnern sucht.

*Das Weibchen des Bankivahuhns hat ganz unauffällige Farben. Es ist daher gut getarnt, während es auf dem Waldboden brütet.*

# Stadtvögel

Viele Vögel – wie Stare, Spatzen, Tauben und sogar Möwen – haben gelernt, mit den Menschen zu leben. Kleine Vögel wie Rotkehlchen, Meisen und Finken nisten in verborgenen Winkeln unserer Gärten und Eulen bewohnen verlassene Gebäude. Im Winter kann man seltene Gäste vom Lande beobachten, wie sie sich von Beeren, weichen Äpfeln und Vogelfutter ernähren.

**Vögel, die Dreck machen**
Stadttauben sitzen auf den Vorsprüngen von Gebäuden und nisten dort auch. Ihr Dreck verschmutzt Straßen und Denkmäler. Die Reinigung ist teuer.

**Sommergäste**
Mehlschwalben bauen ihre Nester aus Lehm unter überstehenden Dächern. Man sieht oft, wie ihre kleinen weißen Gesichter aus dem Nest herausschauen. Mehlschwalben sind Sommergäste, sie kommen erst gegen Ende April. Wenn sie ihre Jungen großgezogen haben, fliegen sie im Herbst wieder nach Afrika.

*Die Mehlschwalben bauen ihre Nester aus Lehm. Mit feuchtem Lehm können sie das Nest auch an seinem Platz festkleben.*

### Rußiger „Kaminsegler"

Glücklicherweise ist der Mauersegler schwarz! In freier Wildbahn nistet er in hohlen Bäumen, doch in der Stadt wählt er Schornsteine. Auch zum Schlafen lässt er sich in ungenutzten Fabrikschornsteinen nieder.

*Achte auf den weißen Halbmond auf dem Rücken einer fliegenden Elster.*

### „Straßenkehrer"

Elstern fressen fast alles – von Essenskrümeln, die auf die Straße gefallen sind, bis zu den Eiern und Jungen kleinerer Vögel. Tauben und Drosseln greifen oft Elstern an, um sie von ihren Nestern fern zu halten.

### Diebische Elstern

Elstern sind als Diebe bekannt. Sie mögen glänzende Dinge und tragen sie fort, um damit ihre Nester zu schmücken. Elstern kommen sogar bis auf die Fensterbank, um von dort Schmuck zu stehlen.

# Register

Adler 22, 56
– Kampfadler 18
– Weißkopfseeadler 38
Amboss 36
Amerika 44
Archäopteryx 11
Arktis 44

*Blaumeise*

Ausbrüten 22
Austernfischer 49

Baden 35
Bankivahuhn 56, 57
Baumläufer 52
Brachvogel 22
Brustbein 11
Buchfink 26, 27, 30, 36
Bussard 13

Drossel 59
– Singdrossel 31, 36

Eichel 37, 52, 53
Eichelhäher 52
Eizahn 23
Eisvogel 50, 51
Elster 31, 59
Ente 10, 16
– Stockente 17, 50
– Brautente 27

Entenjunges 23, 24, 27
Eule 13, 14, 15, 41
– Schleiereule 14, 15
– Waldohreule 40

Fasan 56
Federn 12, 13
Felsenhahn 42
Fichtenkreuzschnabel 37
Fink 58
Flughuhn 54
Flugunfähige Vögel 22, 55
Fossil 11
Fregattvogel 20, 21, 47

Gefieder 42
Gefiederpflege 34, 35
Geier 39
– Königsgeier 39
Gelbhaubenkakadu 56
Gewöll 41
Greifvögel 11, 38
Gründeln 10, 50
Grünfink 10

*Steinwälzer*

Habicht 10
Herabstürzen 18
Huhn 57
– Thermometerhuhn 32

Junge 24, 25

Kasuar 22
Kleiber 37
Kohlmeise 36
Kolibri 12, 19, 22, 56

Kormoran 13
Krabbentaucher 27

*Stockente*

Kuckuck 22, 28
– Erdkuckuck 54

Löffler 51
Lumme 22, 47

Meise 36, 37, 58
– Beutelmeise 33
– Blaumeise 19, 24, 25
Muskeln 11, 17

Nestbau 30–33
Nuss 37

Papagei 56, 57
Papageitaucher 46, 47
Paradiesvogel 21, 56
Pelikan 29
Pfuhlschnepfe 48
Pinguin 28

Reiher 36
– Glockenreiher 36
Revier 42, 43, 53
Rotkehlchen 43, 58
Rotschwänzchen 22
Rütteln 17

Salangan 32
Säbelschnäbler 48
Schalen 49
Schnabel 10, 11, 48, 49
Schneckenhäuser 36
Schneegans 44, 45
Schwalbe 45
 – Klippenschwalbe 33
 – Mehlschwalbe 16, 18, 39
Schwebender Flug 16, 18, 39
Schwimmhaut 11, 47
Seeschwalbe 20, 44
 – Brandseeschwalbe 20
 – Küstenseeschwalbe 44

*Eisvogel*

Seevögel 46, 47
Sehvermögen 40
Segler
 – Mauersegler 36, 59
Sekretär 55
Singvögel 56
Spatz 58
 – Hausspatz 8
Specht 53
 – Buntspecht 53
 – Haarspecht 53
Star 10, 11, 34–36, 58
Steinwälzer 49
Strauß 55
Sturmvogel 16
Sturzflug 18, 46

Taube 14, 15, 58, 59
Teichrohrsänger 33
Tölpel 43, 46

*Austernfischer*

Tukan 56
Turmfalke 12, 13, 17, 39

Vogelbeobachtung 8, 9
Vogeleltern 28, 29
Vogelfuß 11
Vogelzug 44, 45

Wanderdrossel, amerikanische 22
Wanderfalke 18
Watvögel 48, 49
Webervogel 32
Werbung 20, 21
Würger 38

*Schlupf*

# Dank

**Dorling Kindersley dankt**
Simon Battensby für die Fotografien auf den Seiten 11 und 12.
Sharon Grant für die Hilfe bei der grafischen Gestaltung.
Gin von Noorden und Kate Raworth für die redaktionelle Hilfe und ihre Nachforschungen.
Jane Parker für das Register.
Kim Taylor für die speziellen Fotografien auf den Seiten 14–15, 23, 24–25, 26–27, 52.

**Illustrationen**
Diana Catchpole, Angelika Elsebach, Jane Gedye, Nick Hewetson, Ruth Lindsay, Louis Mackay, Polly Noakes, Lorna Turpin.

**Bildnachweise**
(o = oben, u = unten, M = Mitte, l = links, r = rechts)
Frank Blackburn: 41ul, 58u.
Bruce Coleman ltd: 53Ml, 55u; J&D. Bartlett 28u;
Jane Burton 57ul; Jeff Foott 38l; Hans Reinhard 40o, 42l; Kim Taylor 34;
Roger Wilmshurst 36ur.
Frank Lane Picture Agency: 19o, 49u; Philip Berry 18M; W.S. Clark 50u;
Peggy Heard 35o; R. van Nostrand 20u, 21u; P. Perry 29or; J. Watkins 46–47;
R. Wilmshurst 43u, 51or.
Natural History Photographic Agency:
Michael Leach 45u;
Harold Palo 39ur.
Bill Coster 16.
Peter Chadwick 37ul.
Cyril Laubscher 48, 57.
Roger Steele 18.
Kim Taylor 8, 10, 37ur.